AF331345

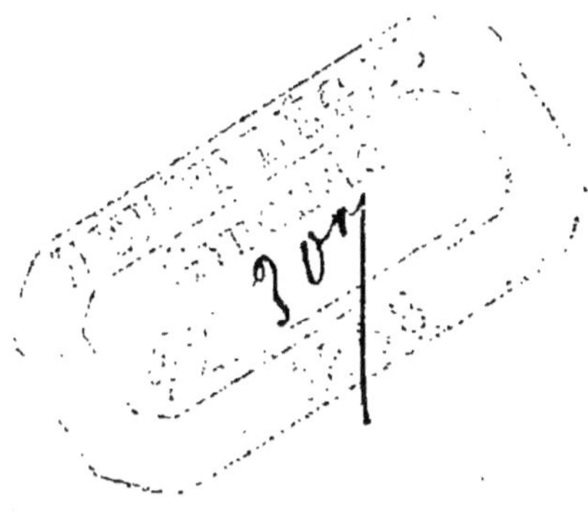

# BREF

### DE LA BÉATIFICATION

# DE 205 SERVITEURS DE DIEU

# BREF

## DE LA BÉATIFICATION

# DE 205 SERVITEURS DE DIEU

### PARMI LESQUELS

# CHARLES SPINOLA

## ET SES TRENTE-DEUX COMPAGNONS

de la Compagnie de Jésus

## MARTYRISÉS DANS LE JAPON, ET BÉATIFIÉS LE 7 JUILLET 1867

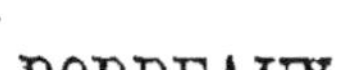



## BORDEAUX

IMPRIMERIE CENTRALE DE Vᵉ LANEFRANQUE ET FILS
Rue Permentade, 23-25

## 1868

# BREF DE PIE IX, PAPE

## A PERPÉTUITÉ

Arrosée du sang des martyrs, dès les premiers jours de son entrée dans le monde, l'Église n'a jamais cessé de fournir d'admirables exemples de force et de courage. Les tyrans, ses persécuteurs, en inventant sans cesse de nouveaux genres de supplices, afin d'ébranler la constance et la fermeté des soldats de Jésus-Christ, ne faisaient que multiplier, pour l'éternel honneur de l'Église, les palmes et les couronnes des plus magnanimes héros. La divine Providence a permis qu'il en fût ainsi, pour montrer que les intrépides martyrs étaient protégés et soutenus, du haut du Ciel, par l'auteur de notre foi, Jésus-Christ qui, comme l'écrivait saint Cyprien, « a fortifié dans le » combat, ceux qui souffraient pour la gloire » de son nom, a combattu et triomphé avec » eux. »

Depuis l'année mil six cent dix-sept, jusqu'à l'année mil six cent trente-deux, la terre du

Japon a été féconde en martyrs, par suite d'une horrible persécution contre la religion chrétienne qui avait été prêchée, de la manière la plus heureuse, dans ces contrées. Car, après que Iaïcosama, empereur du Japon, eut résolu, transporté d'une fureur inouïe, de détruire complètement le Christianisme, et que l'an mil cinq cent quatre-vingt-dix-sept, il eut fait mourir, par le supplice de la croix, vingt-six intrépides confesseurs de la foi, ses successeurs dans l'empire imitèrent et surpassèrent de beaucoup sa fureur et sa cruauté. Une loi fut portée, défendant que personne s'avisât de secourir et de recevoir dans sa maison, les chrétiens, et cela sous peine de l'exil, de la confiscation des biens, et même de la mort. Les croix, les autels, les églises et tous les monuments de la religion furent abattus et détruits ; des supplices épouvantables qu'on ne peut rappeler sans frémir, furent employés pour ébranler le courage et la constance des chrétiens. Parmi ces chrétiens fidèles à leur foi, les uns, attachés à la croix, furent transpercés d'un fer meurtrier, les autres crucifiés la tête en bas ; quelques uns cruellement déchirés, et coupés en morceaux ; la plupart se virent brûlés à petit feu, ou plongés dans des eaux sulfureuses, ou à demi glacées ; ils souffrirent, dans cette situation, un long et cruel supplice ; plusieur d'entre eux , éprouvés par la faim, par la soif, par les flagellations, par la rigueur des cachots , échangèrent les peines et les douleurs de cette vie mortelle, contre les inénarrables délices de l'éternel séjour des bienheurenx.

Ils ont souffert ces horribles supplices avec tant de fermeté et de joie, qu'ils ont véritablement imité et rappelé le magnanime courage et la constance des anciens martyrs : car pour nous servir des paroles de saint Cyprien, « ils » ont été plus forts que ceux qui les tourmen- » taient, et les plaies dont on les accablait, » n'ont pu ébranler, le moins du monde, leur » foi inébranlable et invincible. » Au nombre de ces admirables martyrs du Japon, que rien n'a pu vaincre ni décourager, se sont trouvés, non-seulement des prêtres et des missionnaires évangéliques, mais encore des personnes de tout sexe, de tout âge, de toute condition ; des grands issus d'un sang royal, des femmes occupant, dans le pays, un rang très-distingué, des vierges d'un âge tendre, des vieillards chargés d'années, des jeunes gens, des enfants, de petites filles de quatre ans ; tant de courage, de force et de magnanimité dans ces bienheureux martyrs ne peut être attribué qu'à un secours, à un don particulier du ciel.

On en compte plus de mille qui, dans ce long

espace de plusieurs années, ont confessé la foi chrétienne par l'effusion de leur sang, mais les enquêtes ordonnées par les tribunaux apostoliques n'ont pu s'étendre à tous. Car, durant la persécution qui a sévi alors avec tant de fureur au Japon, on n'a pu dresser des actes d'information qu'à Madrid en Espagne, à Manille dans les îles Philippines et à Macao en Chine. Cependant des témoins irrécusables et dignes de foi, interrogés, ont constaté et mis hors de tout doute le martyre de deux cent cinq de ces héros. De cette glorieuse troupe de martyrs, plusieurs, les uns prêtres, les autres laïques, appartiennent à l'ordre religieux des frères-prêcheurs de saint Dominique. On distingue parmi eux Alphonse Navarrette, Louis Flores, Ange Orsucci, François de Morales, Alphonse de Mena, Dominique Castellet. L'ordre religieux des frères-mineurs de saint François y compte aussi quelques uns de ses membres, dont les plus remarquables sont : Pierre de l'Assomption, Pierre d'Avila, Richard de Saint-Anne, Apollinaire Franco, François de Sainte-Marie, Antoine de Saint-Bonaventure. L'ordre religieux des ermites de saint Augustin est heureux de compter plusieurs membres dans cette illustre phalange : on distingue entre eux Ferdinand de Saint-Joseph, Pierre de Zuniga, Barthélemy Guttierez, Vincent Carvalho; enfin la Compagnie de Jésus a aussi les palmes de ses martyrs qui ont confessé la foi et souffert la mort avec la troupe bienheureuse des martyrs Japonais : les plus illustres sont Charles Spinola, François Pacheco, Camille Costanzo, Paul Navarro, Jérôme des Anges et Michel Carvalho. Viennent à la suite de ceux que nous avons nommés, plusieurs laïques compagnons de leur martyre : André Iocuan, Simon Quiota et Madeleine son épouse. Gaspar Cotenda avec Apollonie sa tante maternelle, et Madeleine Kyota, lesquels descendaient des rois de Bungo, d'Arima et de Firando, Antoine Coray et Marie son épouse, et leurs deux enfants, Jean, jeune homme de douze ans, et Pierre, enfant de trois ans ; Lucie Fleites, âgée de quatre-vingts ans, Dominique Giorgi avec son épouse Élisabeth Fernandez et Ignace leur petit enfant de quatre ans, duquel les actes rapportent un fait qui tient du prodige : immobile, et ne poussant pas même un cri à la vue de sa mère, à qui les bourreaux viennent de trancher la tête, mais témoignant, en quelque sorte, qu'il voulait être associé à sa mère dans la confession de sa foi, joyeux, il présente, au grand étonnement de la multitude, sa petite tête à couper au bourreau. Un catalogue ajouté à ces Lettres Apostoliques donnera le nom des autres martyrs.

Après la mort, précieuse aux yeux du Seigneur, de ces personnes qui, comme le disait saint Cyprien, « ont acheté, au prix de leur sang, l'immortalité, et obtenu la couronne par des vertus consommées, » on s'est empressé de rechercher les faits nécessaires pour une pleine connaissance de la cause ; ces faits, ces actes ayant été soigneusement examinés, discutés dans la congrégation des cardinaux préposés aux Rites sacrés, accédant aux prières du roi d'Espagne et à celles des quatre ordres religieux que nous avons nommés plus haut, notre prédécesseur, Urbain VIII d'heureuse mémoire, a signé de sa main la commission apostolique pour l'information de la cause.

Des actes d'information ayant été, en conséquence, dressés, soit à Manille dans les îles Philippines, soit à deux reprises différentes, à Macao en Chine, et ces actes ayant été transmis dans notre ville de Rome, par concession de notre prédécesseur Innocent XI, le treize des calendes d'avril mil six cent soixante-dix-sept, a eu lieu une assemblée particulière de la Congrégation des Rites, dans laquelle il a été statué qu'on proposerait la question : « S'il conste du martyre *de la part du tyran.* » Cette même question a été discutée dans une autre assemblée particulière de la même Congrégation, le huit des calendes de février mil six cent quatre-vingt sept, et un décret approuvé par notre même prédécesseur s'exprime en ces termes : « il conste, dans le cas dont il s'agit, du martyre *de la part du tyran.* » Il restait à discuter une seconde question : « Conste-t-il du martyre *de la part de ceux qui ont souffert ?* » Cette question, à cause des temps et des circonstances où l'on se trouvait, est demeurée suspendue et indécise jusqu'à présent. Ça été sans doute le résultat d'une disposition particulière de la Providence : comme les jours où nous vivons sont des jours de trouble et de malheur par la faute des méchants et des hommes pervers, il était à propos que la religion catholique si violemment et si perfidement attaquée, trouvât dans le merveilleux triomphe de ces martyrs chrétiens et dans leur victoire remportée sur les tyrans, une nouvelle et éclatante preuve de sa divinité, et que l'Eglise eût à se réjouir des admirables exemples de courage et de vertu, qu'ils ont donnés.

Un autre motif qui nous a déterminé, est celui-ci : Dieu très-clément a rouvert, de nos jours, aux prédicateurs de l'Evangile, la porte de ces contrées teintes du sang innocent de tant de fidèles, fermée pendant plusieurs années. Mû par ces considérations, et touché des prières que nous ont adressées les ordres religieux susdits, et les vicaires apostoliques des régions voisines du Japon. Nous avons permis qu'on reprît la cause interrompue, et conservant la première forme du jugement, nous avons choisi et chargé une congrégation particulière de cardinaux préposés aux Rites sacrés, de terminer cette cause, après un mûr examen et une discussion sérieuse. C'est pourquoi deux questions ont été posées, dont voici la première : « Vu l'approbation du martyre *de la part du tyran,* conste-t-il du martyre *de la part de ceux qui ont souffert,* tellement qu'on puisse aller plus avant? » La deuxième question a été celle-ci : « Dans le cas dont il s'agit, conste-t-il de miracles opérés, et de quels miracles? » On a soigneusement discuté ces deux questions, les cardinaux et les prélats assistant d'office, ont donné leur avis. Nous avons pourtant différé de le confirmer par notre jugement suprême, jusqu'à ce que nous eussions supplié le céleste Père des lumières, d'éclairer notre esprit de ses rayons, dans une affaire si grave et si importante. Enfin, la troisième férie après le dimanche de la Sexagésime, jour dans lequel on fait mémoire des tourments que Jésus-Christ a endurés pour le rachat du genre humain, Nous avons ordonné qu'on publiât le décret suivant : « Il conste, premièrement, dans le cas dont il s'agit, du martyre *de la part de ceux qui ont souffert,* au point qu'on peut

procéder à la Béatification ; il conste, deuxiè-
mement, parmi les miracles mentionnés, du
quatrième, du douzième, du treizième et du
quatorzième. »

Il restait à interroger les cardinaux de la
congrégation des Rites, et à leur demander
s'ils pensaient qu'on pût procéder sûrement à
l'inscription de ces vénérables serviteurs de
Dieu, sur le catalogue des Bienheureux : con-
voqués auprès de nous aux Ides d'avril de
l'année courante, les dits cardinaux, avec le
suffrage des consulteurs, ont répondu affirma-
tivement. Quant à nous, avant d'exprimer
notre manière de voir, nous avons voulu tar-
der encore, afin de prier Dieu, auteur de tout
bien, qu'il daignât, dans une chose si grave,
nous aider de ses lumières ; enfin, le jour con-
sacré à sainte Catherine de Sienne, que notre
ville de Rome s'honore d'avoir pour patronne,
Nous avons déclaré publiquement « qu'on pou-
vait procéder sûrement à la Béatification solen-
nelle de ces vénérables serviteurs de Dieu. »

En conséquence, nous rendant aux prières des
quatre Ordres religieux que nous avons nommés, ainsi qu'aux prières des vicaires apostoliques qui prennent soin des fidèles chrétiens
dans les régions qui confinent au Japon,
suivant l'avis de nos vénérables frères, les
cardinaux de la sainte Église romaine qui font

partie de la congrégation des Rites, en vertu de notre autorité apostolique et par ces présentes lettres, nous permettons que les vénérables serviteurs de Dieu, Alphonse Navarette, Louis Flores, Ange Orsucci, de l'Ordre des frères prêcheurs; Pierre d'Avila, Pierre de l'Assomption et Richard de saint Anne de l'Ordre des Frères mineurs de saint François; Pierre de Zuniga, Ferdinand de Saint-Joseph, Barthélemi Gutierez de l'Ordre des Ermites de saint Augustin ; Charles Spinola, François Pacheco, de la Compagnie de Jésus; Joachim Firayma ou Diaj, Lucie Fleites, et autres compagnons de ces martyrs, appartenant, en qualité de Frères, aux Ordres que nous avons nommés, ou simples fidèles vivant dans le siècle, soient désormais appelés du nom de Bienheureux, que leurs corps et leurs restes, ou reliques soient exposés et présentés, excepté dans les *supplications solennelles*, à la vénération publique des fidèles. De plus, en vertu de notre même autorité, nous permettons qu'on récite, chaque année, en leur honneur, le jour qui sera déterminé, l'office et la messe du commun de plusieurs martyrs, conformément aux rubriques du missel et du bréviaire romain. Nous permettons que ce même office puisse être récité dans les maisons et dans les églises des quatre Ordres religieux sus-nommés, par tous ceux qui, tant séculiers que réguliers, sont tenus à la récitation des heures canoniales; quant aux messes, nous permettons même aux prêtres de les célébrer dans les églises où l'on fait la fête des Bienheureux. Enfin, nous accordons que dans la première année où ces lettres ont été écrites, on célèbre la solennité de la Béatification des vénérables serviteurs de Dieu dans les églises des Ordres susdits, avec office et messe du dit double majeur, et nous ordonnons que cela se fasse le jour qu'indiquera l'ordinaire du lieu, et après que la même solennité aura été célébrée dans notre Basilique du Vatican. Et le tout, nonobstant les constitutions apostoliques, les décrets concernant *le culte prohibé*, et toutes dispositions qui pourraient être contraires. Nous voulons aussi que les exemplaires, même imprimés, de ces lettres, pourvu qu'ils soient signés par notre secrétaire et marqués du sceau de la Congrégation, soient considérés, même dans des discussions judiciaires, comme méritant la même foi que ces lettres elles-mêmes.

Donné à Rome, à Saint-Pierre sous l'anneau du pêcheur le VII mai de l'année 1867, vingt-et-unième année de Notre Pontificat.

Cardinal PARACCIONI CLARELLI.

www.ingramcontent.com/pod-product-compliance
Lightning Source LLC
LaVergne TN
LVHW022249030726
842520LV00009B/1957